야고보서

[개정판]

新 옥한흠 다락방 시리즈 7

야고보서

[개정판]

옥한흠 지음

국제제자훈련원

교재 사용에 대하여

제자훈련의 열매는 훈련된 평신도 지도자들이 사역하는 소그룹(구역, 다락방, 셀, 목장)이라 할 수 있다. 소그룹이란 성도간에 아름다운 사랑의 교제를 나누며, 말씀 안에서 영적으로 성숙해 가도록 서로 돕고, 믿지 않는 사람들을 초청하여 복음을 나누는 소그룹 단위의 공동체다. 소그룹은 하나님의 말씀에 기초한다. 그러므로 각자의 삶을 드러낼 수 있도록 돕고 변화되어야 할 삶의 목표를 분명하게 제시할 수 있는 좋은 교재가 마련되면 효과적인 소그룹을 운영하는 데 큰 도움을 얻는다. 그러나 분주한 목회자의 입장에서는 직접 교재를 만든다는 것이 그리 쉬운 일이 아니다. 이런 어려움을 해결할 수 있도록 돕기 위해 마련된 것이 "옥한흠 다락방 시리즈" 이다.

본 시리즈를 사용하는 데 있어 다음 몇 가지를 참고해 주기 바란다.

1. 이 교재는 소그룹에서 귀납적인 방법으로 성경을 공부하기 위해 만든 것이다. 즉 성경의 가르침을 일방적으로 주입하는 대신 충분한 토의를 통해 구성원들의 생각을 먼저 정리하고 그것을 성경의 가르침과 비교하도록 구성되었다. 결코 해답 베껴 쓰기 식의 공부가 되지 않도록 해야 한다. 서툴더라도 자기 인식과 활발한 토의 참여에 의한 생생한 결론이 나올 수 있도록 해야 한다. 따라서 지도자는 소그룹 환경에서 귀납적 방법으로 성경을 공부하는 것이 무엇인지를 반드시 먼저 배워야 한다.
2. 이 교재는 교역자가 매주 소그룹 지도자들을 먼저 예습시킨 다음 사용하게 해야 바람직한 효과를 기대할 수 있다. 소그룹 지도자는 공부할 내용을 충분히 이해해야 한다.
3. 소그룹에 참석하는 자들은 반드시 예습을 하도록 권장해야 한다.
4. 한 과를 공부하는 데에는 한 시간 이상이 필요하다. 그러므로 각 문제에 따라 답만 찾아보고 넘어가야 할 것과 충분한 토의를 통해 진지하게 적용할 것을 잘 구별해서 진행하는 것이 중요하다.

차례

Lesson 1

야고보서를 시작하며

야고보서 2장 17절

마음의 문을 열며

야고보서는 한때 심한 푸대접을 받았다. 심지어 종교개혁을 주도했던 루터조차 "지푸라기 성경"이라 부르기도 했다. 그 이유는 야고보서의 내용이 믿음보다 행함을 앞세우고 있어, 마치 율법을 지키는 행위로 구원을 얻을 수 있다는 인상을 풍기고 있기 때문이었다. 그러나 지금은 이러한 의혹이 모두 사라지고, 야고보서의 가치가 점점 더 높이 평가되고 있다. 행함이 없는 믿음은 죽은 것이라고 외치는 야고보서의 메시지가 진리 중 진리로 인정받기 시작한 것이다.

말씀의 씨를 뿌리며

1 본서의 저자는 누구인가?(1:1)

2 저자에 대해 아는 대로 이야기해 보라(참고/ 마 13:55; 요 7:2-5; 고전 15:7; 행 15:13).

3 본서는 누구에게 쓴 편지였는가?(1:1,19, 2:1,7)

4 본서의 주제는 2장 17절이라고 할 수 있다. 왜 이 점이 심각한 문제로 거론되었다고 생각하는가?

5 자신의 생활을 돌아보면서 우리가 모두 똑같은 문제를 안고 있지 않은지 이야기해 보자.

삶의 열매를 거두며

한 주간 동안 야고보서를 읽어오도록 하자. 그리고 이 시간 야고보서를 통해 하나님이 주실 은혜를 기대하면서, 모임과 서로를 위해 기도하는 시간을 갖도록 하자.

Lesson 2

믿음의 시련을 이기는 지혜

야고보서 1:1-8

마음의 문을 열며

본서는 소아시아와 유럽 일대에 흩어져 살고 있던 유대인 신자들에게 야고보가 쓴 편지다. 본서를 시작하면서 야고보는 제일 먼저 신앙생활의 가장 중요한 문제를 다루고 있다. 그것은 시험을 이기는 지혜에 관한 것이다. 믿는 자는 여러 가지 시험의 길을 통과하지 않으면 안 된다. 그러나 그 길은 하나님이 주시는 지혜를 가지고 걸어야 한다.

말씀의 씨를 뿌리며

1 믿음으로 사는 자는 여러 가지 시험을 만날 수 있다. 어떤 시험이 있는지 예를 들어 보라. 그리고 이러한 시험에 대한 각자의 느낌을 말해 보라(2절).

2 시험을 만날 때 어떤 태도를 가져야 하는가? 그리고 그 이유를 설명해 보라(2-3절).

3 인내를 키우는 데 시험이 유익하다는 주장에 대해 어떻게 생각하는가? 자신이 경험한 체험이 있다면 나눠 보라.

4 4절에서는 인내를 이룬 자가 온전하고 성숙한 사람이라고 말한다. 그 이유가 무엇이라고 생각하는가?

5 다른 조건은 모두 갖추었는데 인내가 부족한 사람을 만난 적이 있다면 예를 들어 보라. 그런 사람을 볼 때 어떤 느낌이 들었는가?

6 믿음의 시련 속에서 인내하려면 지혜가 있어야 한다. 여기서 지혜는 성도가 세상에서 어려움을 당할 때 대처하는 여러 가지 지식을 말한다. 이 지혜를 어디서 어떻게 얻을 수 있는가?(5-6절)

7 예수를 믿는다고 남편이나 부모에게 핍박당한 경험이 있는가? 그 때 시험을 이기기 위해 어떠한 지혜가 필요했는지 말해 보라.

8 지혜를 구할 때 특히 주의해야 할 점은 무엇인가?(6-8절)

삶의 열매를 거두며

지금 당신이 인내해야 할 시험은 무엇인가? 그리고 그 시험을 잘 인내하고 있는지 반성해 보자. 만일 인내하지 못하고 있다면 어떤 지혜가 부족하기 때문인지 점검해 보자.

Lesson 3

가난한 자와 부한 자의 자랑

야고보서 1:9-11, 5:1-6

마음의 문을 열며

세상과 마찬가지로 교회에서도 가난한 자와 부한 자가 공존한다. 이러한 빈부의 문제는 주님이 재림하시는 날까지 해소되지 않을 것이다. 따라서 공산주의처럼 모든 것을 공평하게 나누어야 한다는 성급한 주장은 하나님의 말씀에 부합되지 않는 사상이다. 무엇보다도 중요한 것은 빈과 부의 실체를 그대로 인정하는 것이다. 그리고 가난한 자는 가난한 대로 부한 자는 부한 대로 하나님의 교훈을 배우고 실천해야 한다. 이런 의미에서 오늘 배우게 될 내용은 그 가치가 크다고 할 수 있다.

말씀의 씨를 뿌리며

1 낮은 형제는 누구를 가리키는 말이라고 생각하는가?(9절)

2 낮은 형제가 자랑해야 할 것은 무엇인가? 그리고 그 예를 몇 가지 들어 보라(9절, 참고/ 마 5:3; 사 61:1).

3 고린도후서 6장 10절을 묵상해 보라. 그리고 느낀 점을 말해 보라. 만일 가난할지라도 당신은 바울처럼 긍지를 가지고 말할 수 있는가?

4 교회 안에도 가난한 자들이 부한 자들을 향해 은근히 분개하는 경향이 있을 수 있다. 이것이 바른 신앙인의 자세라고 말할 수 있는가? 왜 그런 감정을 가진다고 생각하는가?

5 부한 자가 자랑해야 할 것은 무엇인가? 그 의미를 설명해 보라(10절).

6 부한 자가 자기의 낮아짐을 자랑해야 할 이유는 무엇인가?(10-11절)

7 예수님을 모르는 부자들이 범하기 쉬운 어리석은 일들은 무엇인가? 5장 1-6절을 가지고 몇 가지를 정리해 보라.

8 예수님을 만난 이후, 당신이 과거에 가졌던 부에 대한 어리석은 생각이나 행동들이 얼마나 변화되었는지 말해 보라.

9 다음의 성구들을 가지고 솔로몬의 고백을 살펴보라. 당신도 이렇게 확신 있게 고백할 수 있는가?

- **전도서** 5:10/

- **전도서** 5:13/

- **전도서** 5:15-16/

삶의 열매를 거두며

가난한 자가 자기의 높은 것을 자랑하는 수준에 이르고, 부한 자가 자기의 낮음을 자랑하는 수준에 이른다면, 교회 안에서 어떤 일이 일어날 것이라고 생각하는가? 각자 한 가지씩 말해 보자.

Lesson 4

유혹을 이기는 길

야고보서 1:12-18

마음의 문을 열며

우리가 신앙생활을 할 때 유혹에 빠질 가능성은 항상 존재한다. 만약 예수 그리스도를 믿으면서 유혹을 받아본 일이 없다고 말한다면, 거짓말이거나 거짓 선지자일지도 모른다. 이 시간 말씀을 통해 유혹받게 되는 원인은 무엇인지, 그리고 그것을 이기는 비결은 무엇인지 배우도록 하자.

말씀의 씨를 뿌리며

1 우리를 잘못된 길로 유혹하는 시험은 하나님과 무관하다. 그 이유를 말해 보라(13절).

2 유혹을 받는 근본 원인은 누구에게 있는가?(14절)

3 인간의 욕심에 대한 다음의 말씀들은 무엇을 교훈하고 있는가?

- **에베소서 2:3**
- **디모데전서 6:9-10**
- **갈라디아서 5:24**

4 욕심에 이끌려 미혹을 받은 예를 찾아보자. 그리고 당신도 욕심 때문에 시험에 빠진 경험이 있다면 솔직하게 나누어 보라(삼하 11:1-5).

5 우리에게 남아 있는 육체의 욕심을 이용하여 시험에 빠지게 하는 자가 누구인가?(고전 7:5)

6 욕심 때문에 미혹을 받아 시험에 빠지는 과정을 15절 말씀에서는 어떻게 묘사하고 있는가? 당신은 혹시 지금 그 과정에 머물고 있지는 않은지 살펴보라.

7 욕심에 끌린 시험은 하나님이 우리를 연단하기 위해 주시는 시험(2-3절)과 그 성격이 아주 다르다. 12절 말씀은 두 가지 시험 중 어느 것에 해당한다고 생각하는가? 그리고 그 이유는 무엇인가?

8 하나님은 우리를 일부러 걸려 넘어지게 하는 시험을 절대로 하지 않으신다. 17-18절을 가지고 하나님이 얼마나 좋은 분이신지 간단히 요약해 보라.

삶의 열매를 거두며

유혹을 이기는 길은 무엇이라고 생각하는가? 각자의 생각을 나눈 후, 이를 위해 함께 기도하자(갈 5:16, 25).

Lesson **5**

자신을 속이지 마라

야고보서 1:19-27

마음의 문을 열며

우리가 하나님의 자녀라면 말씀을 듣고 배운 대로 실천해야 한다. 그러나 실제로 그렇게 하지 못하는 경우가 허다하다. 잘못하면 말만 하고 행하지 않아 자신을 속이는 자가 되기 쉽다. 이 점에 대해 하나님은 무엇이라고 경고하시는가? 이 시간 우리는 성령의 인도함을 받아 바로 배우고 실천하는 자가 되어야 할 것이다.

말씀의 씨를 뿌리며

1 19절에서는 듣기는 속히 하라고 권면한다. 무엇을 들으라는 말인가?(참고/ 18절, 롬 10:17)

2 말씀을 듣기 위해 우리가 갖추어야 할 점은 무엇인가? 그리고 그 이유를 말해 보라(21절, 참고/ 히 3:13; 마 13:22).

3 설교를 듣거나 성경을 배울 때, 당신에게 문제가 있다면 그것은 무엇이라고 생각하는가?

4 말씀을 많이 듣고 배운 자일수록 주의해야 할 점이 두 가지 있다. 그것은 무엇인가?(19절)

5 말하기를 더디 하라는 의미는 무엇인가? 그리고 왜 그렇게 해야 하는지 설명해 보라(26-27절).

6 당신에게는 이런 문제가 없는가? 성경 말씀을 쉽게 이야기하면서도 그것을 실천하는 경건은 빠져 있지는 않은지 반성해 보자.

7 말씀을 듣는 자가 왜 성내기를 더디 해야 하는가?(20절, 참고/ 딤후 2:23-24)

8 당신은 성경에 대한 지식을 가지고 논쟁하는 도구로 사용하는 버릇은 없는지 돌아보라.

9 말씀을 듣는 자가 넘어지기 쉬운 함정이 또 하나 있다. 그것은 무엇인가? 거울의 비유를 가지고 설명해 보라(22-24절).

10 말씀을 듣고 그 내용을 잘 전하고 가르치지만 행하지 않는 사람과 말씀을 입으로 전하지도 않고 행하지도 않는 사람을 비교해 보라. 어느 편이 더 나쁘다고 생각하는가?

삶의 열매를 거두며

당신은 혹시 귀와 입은 있으나 발이 없는 영적 불구자는 아닌지 혹은, 귀는 있는데 입과 발이 없는 영적인 지체 부자유자는 아닌지 반성해 보라. 그리고 22절 말씀을 함께 외우고 기도하는 시간을 갖도록 하자.

Lesson 6

외모로 판단하지 마라

야고보서 2:1-13

마음의 문을 열며

어느 시대를 막론하고 사람을 겉모습으로 판단하는 악습은 쉽게 사라지지 않고 있다. 심지어 사랑을 가장 많이 외치는 교회 안에서까지 사람을 차별하는 일로 상처 받고 고통당하는 자들이 많이 있다. 나아가 가난한 자, 비천한 자들이 들어올 수 없도록 교회의 문턱은 점점 높아만 가는 듯하다. 야고보 시대 유대계 그리스도인들이 모이던 교회에서 있었던 사례를 통해 주님이 우리에게 주시는 메시지가 무엇인지 이 시간 귀담아 듣도록 하자.

말씀의 씨를 뿌리며

1 당시 회당에서 행해지던 차별은 어떤 것이었는지 말해 보라(2-3절).

2 옷차림을 보고 사람을 차별하는 이유가 무엇이라고 생각하는가?

3 우리 교회에서도 옷이 문제가 된다고 생각하지는 않는가? 그렇다면, 실례를 들어 말해 보라.

4 그렇다면 본문은 좋은 옷을 교회에 입고 오지 말라는 뜻인가? 교회에 나올 때 옷차림에 주의해야 할 점들을 말해 보라.

5 겉모습으로 사람을 차별하는 것이 왜 나쁜가?(1, 5, 9절)

6 사람을 겉모습으로 차별하지 않으려면 꼭 명심해야 할 세 가지 사실이 있다. 그것이 무엇이며, 그 이유를 설명하라(1, 8, 13절).

7 교회 안에서 인간관계를 은혜롭게 이끌어가는 기본 원리는 무엇인가?(13절)

8 당신은 아직도 교회 안에서 겉모습으로 사람을 차별하지는 않는지 솔직하게 이야기해 보자.

삶의 열매를 거두며

만일 우리 안에 겉모습으로 사람을 차별하는 습관이 남아 있다면, 6번 문제에서 발견한 세 가지 기도제목을 가지고 함께 기도하는 시간을 갖자. 그리고 다음 모임 때에는 외모로 차별하는 병이 얼마나 치료되었는지에 대해 구체적인 예를 적어오도록 하자.

Lesson 7

행함이 없는 믿음은 죽은 것이다(1)

야고보서 2:14-19

마음의 문을 열며

우리는 야고보서의 심장이라고 할 수 있는 매우 중요한 말씀에 이르렀다. 한때 이 본문을 오해한 성도도 없지 않았다. 행함을 강조하는 것은 오직 믿음으로 구원받는다는 복음의 대전제와 모순이 된다고 생각했기 때문이다. 그러나 실은 그렇지 않다. 이 말씀은 구원의 조건이 행함이라는 의미가 아니다. 구원받은 믿음이면 당연히 삶이 따라야 한다는 의미심장한 도전장이라고 할 수 있다. 삶에서 실패하기 쉬운 현대인들이 정신 차리고 배워야 할 말씀인 것이다.

말씀의 씨를 뿌리며

1 있으나 마나 한 믿음은 어떤 것이라고 말하는가? 그리고 그 이유를 생각해 보라(14절).

2 행함 없는 믿음은 구원마저 받을 수 없다는 말씀에 대해 각자가 느끼는 바를 말해 보라.

3 행함이 없는 믿음이 구원받지 못한다면, 이것은 행함이 구원의 조건이라는 의미인가? 아니라면 그 이유를 설명해 보라(참고/ 갈 2:16, 5:4).

4 행함이 구원의 조건이 아니라면, 왜 행함이 따르는 믿음이 중요한가? 마태복음 7장 15-21절을 가지고 그 이유를 설명해 보라.

5 야고보가 지적한 행함이란 구체적으로 무엇을 말하는가?(15-16절)

6 믿음으로 구원받았다고 기뻐하는 자에게서 이와 같은 사랑의 실천을 찾아볼 수 없다면, 당신은 이 믿음에 대해 어떻게 생각하겠는가? 당신은 이 같은 모순투성이의 믿음을 가지고 구원받은 것처럼 안심하고 있지 않은지 솔직하게 이야기해 보라.

7 야고보서가 말하는 행함이 없는 죽은 믿음이란 어떤 성격의 것인지 설명해 보라(19절, 참고/ 갈 5:6).

8 당신의 믿음은 말로만 떠들고, 지식으로만 남아 있는 믿음은 아닌지 반성해 보라.

삶의 열매를 거두며

믿음은 반드시 자라야 하고, 잘 성장한 믿음은 열매를 풍성히 맺는다(참고/마 13:23; 갈 5:22-23). 당신에게 믿음으로 맺은 행함의 열매는 어떤 것이 있는지 한두 가지씩 말해 보라. 그리고 17절을 함께 외우고 기도하자.

Lesson 8

행함이 없는 믿음은 죽은 것이다(2)

야고보서 2:19-26

마음의 문을 열며

지난 과에 이어 죽은 믿음에 대해 계속해서 다루고자 한다. 실제로 오늘날 현대 교회에는 믿음을 단순히 지적인 긍정으로 생각하는 사람들이 너무나 많다. 따라서 우리는 삶이 수반되지 않는 믿음을 참 믿음이라고 할 수 없다는 야고보서의 진리를 몇 번이고 반복해서 묵상하지 않을 수 없다. 동시에 우리 자신의 믿음에 대해서도 산 것인지 아니면 죽은 것인지 진지하게 물어야 할 것이다.

말씀의 씨를 뿌리며

1 귀신이 믿는 믿음의 성격은 무엇이라고 생각하는가?(19절, 참고/ 행 19:13-15)

2 귀신도 하나님이 한 분인 줄 알고 떤다고 했다. 왜 그렇다고 생각하는가?

3 우리의 믿음에도 하나님을 두려워하는 면이 있는가? 입으로는 하나님이 살아 계신 참 신이라고 하면서, 속으로는 두려워하지 않는 가증한 믿음은 아닌지 돌아보라.

4 행함이 없는 믿음에 대해 서로 다른 세 가지 말을 사용하여 설명하고 있다. 그것이 무엇인지 찾아보고 그 이유를 말해 보라(14, 17, 20절).

5 아브라함의 믿음은 행함이 따르는 믿음이었음을 어떻게 설명하고 있는가?(21-24절)

6 아브라함은 하나님의 약속을 믿었을 때 의롭다함을 얻었다. 그런데 왜 이삭을 제단에 드릴 때 의롭다함을 받았다고 하는가?(21-22절, 참고/ 창 15:5-6)

7 24절을 각자 자기의 말로 설명해 보라.

8 기생 라합에게서 우리가 배울 수 있는 것은 무엇인가?(25-26절)

9 갈라디아서 5장 6절과 데살로니가전서 1장 3절을 가지고 믿음과 행함의 관계에 대해 다시 한 번 정리해 보자.

삶의 열매를 거두며

우리의 믿음 역시 살아 있는 믿음이어야 한다. 자신의 믿음이 죽지 않았다는 사실을 두 가지 이상의 실례를 가지고 각자 증명해 보라.

Lesson 9

혀의 위험과 모순

야고보서 3:1-12

마음의 문을 열며

어떻게 하면 말에 실수가 없을까? 경건 생활에 힘쓰는 자라면 누구나 자주 고심하는 문제다. 아무리 노력해도 마음먹은 대로 쉽게 고쳐지지 않는 것 중 하나가 바로 말의 실수다. 야고보 역시 이 문제만은 자신 없어 보인다. 우리에게 희망을 안겨줄 말을 한 마디도 하지 않고 있는 것을 보면 충분히 짐작할 수 있다. 야고보 장로와 같은 성자도 좌절을 수없이 맛본 문제라면, 우리는 더욱 말할 필요가 없다. 그러면 어떻게 할까? 성령의 인도를 받으면서 오늘 본문을 주의 깊게 살펴보자.

말씀의 씨를 뿌리며

1 1절 말씀을 쉽게 설명하고, 왜 함부로 선생이 되지 말라고 하는지 그 이유를 찾아보라.

2 말을 많이 하는 선생이 빠지기 쉬운 함정은 무엇인가?(2절)

3 야고보는 말에 실수가 없으면 온전한 사람이라고 정의한다. 그 이유는 무엇인가? 그리고 당신은 이 견해를 어떻게 생각하는가?

4 혀의 위력을 설명하기 위해 몇 가지 비유를 들고 있다. 그것들은 무엇이며, 이 비유들을 통해 공통적으로 말하고자 하는 바는 무엇인가?(3-6절)

5 하찮은 말 한마디가 그 사람의 인격을 더럽힌다는 사실을 적절한 예를 들어 설명해 보라.

6 한두 마디의 말로 다른 사람에게 크게 상처 준 경우가 있으면 말해 보라.

7 혀가 지닌 가장 큰 위험성과 모순점은 무엇인가?(8-9절)

8 말에 있어서 각자가 가장 고민스러워하는 것은 무엇인지 솔직하게 나눠 보라.

9 혀의 위험성과 모순점을 감안하면 희망이 없어 보인다. 그럼에도 불구하고 가만히 내버려 두는 것은 옳지 않다. 왜 그런가?(11-12절, 참고/ 마 7:16-20)

삶의 열매를 거두며

하나님의 자녀는 말에 대해 반드시 순종해야 할 의무사항이 있다. 그것은 무엇인지 에베소서 4장 29절과 골로새서 4장 6절을 가지고 살펴본 후, 이를 위해 함께 기도하는 시간을 갖도록 하자.

Lesson 10

위로부터 난 지혜

야고보서 3:13-18

마음의 문을 열며

오늘 우리가 배우게 될 본문은 바로 앞에 있는 내용과 연관이 있다. 선생 된 자는 자기 혀를 다스릴 수 있을 뿐 아니라, 동시에 사람을 대하는 자세도 지혜로워야 한다는 것이다. 교회 안에서 우리가 모두 선생은 아니지만 어떤 형태로든지 진리를 자주 말하고 많은 사람을 대해야 하는 입장에 서 있다. 그러므로 사람 앞에서 입도 조심해야 하고 태도도 조심해야 한다. 어떻게 해야 다른 사람을 지혜롭게 대할 수 있을까?

말씀의 씨를 뿌리며

1 13절을 쉽게 풀어 써 보라. 말하고자 하는 핵심이 무엇인가?

2 우리가 지혜자라면 그 지혜는 반드시 무엇으로 증명되어야 하는가?(13절)

3 야고보가 특별히 강조하는 지혜의 구체적인 내용은 무엇인가? 각각의 의미를 간결하게 말해 보라(17-18절).

4 위의 내용 가운데 당신이 가지고 있다고 생각되는 것들을 적어 보라. 그리고 왜 그런지 말해 보라.

5 이 지혜는 어디서 오는가?(17절, 참고/ 약 1:5)

6 15-16절이 말하고자 하는 바는 무엇인가?

7 지금까지 배운 위로부터 온 지혜와 그 반대의 것들을 비교해 보라. 야고보가 말하고 있는 지혜란 다음 중 어느 것이라고 할 수 있는가? 그 이유를 설명해 보라.

- 영리함이나 학문적으로 잘 갖춘 교양/

- 대인관계에서 나타나는 덕스러운 태도/

8 교회생활에서 왜 이런 지혜가 필요하다고 생각하는가?

9 당신은 지혜가 부족하여 다른 사람들과의 관계에서 질투나 다툼으로 상대방에게 상처를 입힌 경험이 있는가? 그때 당신이 가장 힘들었던 점은 무엇인지 말해 보라.

삶의 열매를 거두며

대인관계에서 당신에게 가장 부족한 지혜가 무엇인지 말해 보라. 그리고 그 약점을 고치기 위해 구체적으로 어떤 노력을 하고 있는지 점검해 보라.

Lesson 11

싸우는 정욕

야고보서 4:1-3

마음의 문을 열며

야고보서가 기록될 당시 여러 나라에 흩어져 살고 있던 유대계 그리스도인들에게는 염려스러운 문제들이 한두 가지가 아니었다. 그 중 하나는 잦은 다툼과 싸움이었다. 교회 안에서 다투고 싸우는 소리가 교회 밖에서까지 들릴 정도로 보통 심각한 상태가 아니었다. 하지만 이것은 그들만의 문제가 아니다. 우리도 그렇지 않은지 말씀을 통해 판단받아야 할 것이다.

말씀의 씨를 뿌리며

1 3장 14절과 16절을 다시 보라. 야고보가 염려하는 문제는 무엇인가?

2 1절의 "너희 중에" 라는 말은 무엇을 가리키는가?

3 교회 안에서도 서로 다투고 싸우는 일들이 벌어지고 있다는 사실에 대해 느낀 점을 말해 보라. 그리고 싸우는 교회를 본 일이 있으면 예를 들어 보라.

4 4장 12절에서 야고보는 싸움의 원인이 어디에 있다고 말하는가?(4:12)

5 정욕이란 무엇인가? 그리고 모든 정욕은 악한 것인가?

6 다툼이나 싸움은 자기의 욕망이 좌절당하거나 방해를 받을 때 일어나기 쉽다. 이는 예수님을 믿는 사람들에게도 마찬가지다. 좋은 욕망이든 악한 욕망이든 자기가 원하는 것을 얻지 못해서 다투거나 싸운 적이 있으면 각자 말해 보라.

7 원하는 것을 얻지 못하면 어떤 결과를 초래하기 쉬운가? 세 가지를 말하고, 한 가지씩 토의해 보라(2절).

•

•

•

8 욕망이 지나치면 기도의 동기마저 잘못되기 쉽다. 자신의 예로 설명해 보라. 또 동기가 잘못 되어서 응답받지 못한 경우가 있다면 말해 보라.

9 당신은 지금 자신의 정욕 때문에 위의 세 가지 중 어느 한 가지에 걸려 있지는 않는가?

삶의 열매를 거두며

8절 말씀을 가지고 잘못된 욕망을 치료할 수 있는 길이 무엇인지 찾아보라. 그리고 한 주간 동안 실천해 보도록 하자.

Lesson 12

세상과 벗 되지 마라

야고보서 4:4-10

마음의 문을 열며

교회 안에서 자기중심적인 자들은 다른 사람들과 은혜롭게 지낼 수가 없다. 가는 곳마다 다툼을 일으키고, 만나는 자마다 상처를 준다. 그들의 혀에서는 찬송과 욕설이 함께 나오고, 그들의 행동은 악하며, 그들의 기도는 정욕적이다. 이처럼 불행한 상태가 계속되면, 그들이 도착할 종착점은 세상과 짝이 되는 것이다. 세상과 벗 되는 자에게 하나님은 무엇이라고 경고하시는지 살펴보자.

말씀의 씨를 뿌리며

1 야고보는 누구에게 무엇을 경고하고 있는가? 그리고 여기서 말하는 세상이란 무엇을 의미하는가?(4절, 참고/ 요 17:14; 딤후 4:10))

2 간음과 세상과 벗 되는 것이 어떤 관계를 가진다고 생각하는가?(참고/ 호 5:3-7)

3 세상과 벗 되면 하나님과 원수가 되지 않을 수 없는 이유를 설명하라(요일 2:15-16).

4 4장 1-3절처럼 생활하면 누구든지 세상으로 쉽게 빠져들게 된다. 왜 그런지 말해 보라.

5 당신은 하나님과 세상 중 어느 편에 더 가까운가? 그리고 그 증거는 무엇인가?

6 우리가 세상과 가까워지면 성령은 어떻게 하시는가?(5절)

7 당신은 성령의 시기를 느껴본 적이 있는가? 구체적인 예를 들어 보라(참고/ 갈 5:17).

8 앞의 말씀에 비추어 6절에 나오는 교만한 자와 겸손한 자의 의미는 무엇인지 생각해 보자. 그리고 당신에게 있는 교만과 겸손에 대해 솔직하게 말해 보자.

9 세상을 사랑하지 않으려면 다음의 5가지 명령을 따라야 한다. 왜 그런지 이유를 한 가지씩 말해 보라(7-10절).

- 하나님께 복종하라/
- 마귀를 대적하라/
- 하나님을 가까이 하라/
- 회개하라/
- 낮추어라/

삶의 열매를 거두며

세상과 벗 되지 않기 위해 당신이 특별히 유의해야 할 점은 무엇이라고 생각하는가? 오늘 배운 말씀을 근거해서 한 가지만 찾아보라.

Lesson 13

비판과 헛된 자랑

야고보서 4:11-17

마음의 문을 열며

하나님은 야고보를 통해 권면하고 책망하는 고삐를 조금도 늦추지 않고 계신다. 이제는 비판과 헛된 자랑과 같은 어리석은 짓을 그만두라고 말씀하신다. 그만큼 야고보서의 독자들은 한심스러운 문제들이 많았던 모양이다. 현대를 사는 우리는 그들과 비교해서 어떤가? 큰 차이는 없을 것이다. 마음을 열고 말씀의 거울에 자신을 비추어 보라. 그 속에 무엇이 보이는가? 비판 너머에 교만한 자신의 모습은 없는지, 그리고 세상의 헛된 것을 가지고 으스대는 광대 같은 추한 모습은 없는지 이 시간 함께 살펴보자.

말씀의 씨를 뿌리며

1 11절은 서로 비방하지 말라고 말한다. 비방이란 무엇이며, 비방하는 자가 범하기 쉬운 무서운 실수는 무엇인가?

2 비방과 비판(판단)은 어떤 점에서 다른가?

3 왜 형제 비방과 판단이 율법을 비방하고 판단하는 것이라고 생각하는가?

4 형제를 비방하거나 비판하는 것은 다른 사람에게 하나님 행세를 하는 교만한 행동이다. 왜 그런지 12절을 가지고 설명하라.

5 당신은 자신도 모르게 다른 형제에게 하나님 행세를 한 일은 없는가?

6 13절에서 지적한 사람들은 어떤 점에서 잘못되었는가?(13-14, 16절)

7 우리가 세운 계획과 목표, 그리고 행동이 어떤 경우에 잘못될 수 있는지 말해 보라(15절, 참고/ 렘 10:23; 잠 16:1).

8 당신은 인생을 계획함에 있어 마치 자신이 하나님인 양 행세한 적은 없는가? 하나님이 당신의 모든 삶에 주인 되심을 인정하지 않다가 크게 잘못되거나 손해 본 일이 있으면 말해 보라.

9 우리는 남을 비판하는 것이 나쁘고 세상 자랑을 늘어놓는 것이 악이라는 사실을 알면서도 똑같은 일을 반복한다. 이런 행동에 대해 17절은 무엇이라고 경고하는가?

삶의 열매를 거두며

오늘 배운 내용을 잠언 3장 5-7절과 함께 묵상한 후 각자 느낀 점을 말해 보라. 그리고 기도하는 시간을 갖도록 하자.

Lesson 14

길이 참으라

야고보서 5:7-12

마음의 문을 열며

세상은 왜 이렇게 요지경일까? 의롭고 경건하게 살려고 하는 자는 압제와 고통을 당하기 쉽고 그 대신 하나님을 무시하고 제멋대로 사는 자들은 형통한 경우가 너무나 많으니 말이다. 전쟁은 끝났지만 질서가 잡히지 않은 피점령국처럼 이 세상 도처에는 하나님의 법이 제대로 서지 못 하고 있는 것을 본다. 이런 환경 속에서 성도는 자주 부당한 대우를 받으며 억울한 말을 듣게 된다. 이럴 경우 성도가 어떻게 대처해야 하는지 이 시간 함께 살펴보자.

말씀의 씨를 뿌리며

1 오늘 본문 중 "형제들아"라는 말이 몇 번 나오는가? 이는 누구를 지칭하는 것이며, 왜 이렇게 여러 번에 걸쳐 사용하고 있다고 생각하는가?

2 야고보는 지금 네 가지 중요한 명령을 하고 있다. 그것은 무엇인가?(7-9, 12절)

3 이런 권면은 우리가 어떤 형편에 처했을 때 필요한가? 7절의 "그러므로"와 1-6절의 내용을 참고하여 생각해 보라.

4 당신은 당신보다 힘이 강한 자나 재력을 가진 자로부터 부당한 대우를 받아본 일이 있는가? 직장이나 거래처, 그리고 이웃 사이에서 경험한 일이 있다면 이야기해 보라.

5 부당한 대우를 받아 억울할 때 우리가 무엇보다 먼저 해야 할 것은 무엇인가?(7절, 참고/ 벧전 2:18-20)

6 인내할 때마다 누구를 표본으로 삼으라고 했는가? 그리고 그 이유는 무엇인가?(7, 11절)

7 당신은 억울할 때 얼마나 인내할 수 있는가? "길이 참으라"는 말씀에 비추어 볼 때, 당신의 "길이"는 어느 정도인가?

8 오래 참지 못하였을 때 우리는 어떤 손해를 보게 되는가?

9 오래 참으려고 하면 두 가지 사실을 명심해야 한다. 하나는 긍정적인 것이고, 다른 하나는 부정적인 것이다. 그것은 무엇인가?(8-9절, 참고 / 히 10:13)

10 부당한 대우를 받기 쉬운 형편일수록 우리의 언행은 더욱 정직하고 과장이 없어야 한다고 권면하고 있다. 12절을 가지고 이것을 설명하라.

삶의 열매를 거두며

오늘 공부한 내용 중 깊이 깨달은 말씀이 무엇인지 각자 한 가지씩 나누도록 하자.

Lesson 15

지금도 역사하는 의인의 간구

야고보서 5:13-20

마음의 문을 열며

오늘은 야고보서의 마지막 부분을 다루고자 한다. 그런데 야고보는 통상 편지 말미에 붙어 있는 다정한 작별인사도 없이 급작스럽게 끝맺고 있다. 그래서 야고보서는 완성된 성경이 아니라는 견해도 있다. 하지만 우리는 이런 문제에 신경 쓸 필요가 없다. 감사하게도 야고보는 고단한 세상을 살아가는 우리를 위해 너무나 귀한 말씀으로 격려하며 편지의 마지막 부분을 장식하고 있다. 그것은 다름 아닌 기도의 능력에 대한 확신이다.

말씀의 씨를 뿌리며

1 당시 교회 안에는 어떤 성도들이 있었는가?(13-14절)

2 고난의 의미는 곤궁함에 처함이라고 볼 수 있다. 고난당한다는 것은 어떤 형편에 처했다는 것을 의미하는가?

3 고난당할 때에 왜 기도가 필요한가? 성경의 예와 각자 체험한 예를 각각 한두 가지씩 들어보자.

4 즐거워한다는 것은 어떤 형편에 있는 것인가?(참고/ 시 16:15; 잠 15:13)

5 즐거워하는 자는 왜 찬송해야 하는가? 그리고 당신은 즐거울 때 어떻게 찬송하고 있는가?

6 병든 자는 중병을 앓는 자를 가리킨다. 우리 중에 병든 자가 있을 때 해야 할 두 가지를 말하라(14절).

7 기름을 바르는 것은 무엇을 의미하는가?(참고/ 딤전 5:23)

8 당신은 병이 생겼을 때 병원에 가거나 약을 사용하는 것에 대해 어떻게 생각하는가? 어떤 이는 믿음으로 고치기를 원하면 약을 끊으라고 말하는데, 이에 대해서 어떻게 생각하는가?

9 병든 자를 위해 우리가 능력 있는 기도를 하려면 몇 가지를 갖추고 있어야 한다. 그것이 무엇인가?(15-16절)

10 19-20절 말씀은 무엇을 교훈하는 것인가?

삶의 열매를 거두며

오늘 공부한 내용 중 깊이 깨달은 말씀이 무엇인지 각자 한 가지씩 나누도록 하자.

지금까지 나온 옥한흠 다락방 시리즈

1. 새가족모임 교재
2. 창세기
3. 출애굽기
4. 마가복음 1
5. 마가복음 2
6. 에베소서
7. 야고보서
8. 다윗
9. 사도행전 1
10. 사도행전 2
11. 시편 1
12. 시편 2
13. 로마서 1
14. 로마서 2
15. 로마서 3
16. 데살로니가전후서
17. 욥기
18. 요한복음 1
19. 요한복음 2
20. 요한복음 3
21. 빌립보서
22. 산상수훈

新 옥한흠 다락방 시리즈 7

야고보서 [개정판]

초판 1쇄 발행 1993년 1월 30일
개정판 1쇄 발행 2009년 11월 4일
개정판 25쇄(69쇄) 발행 2025년 3월 10일

지은이 옥한흠

펴낸이 오정현
펴낸곳 국제제자훈련원
등록번호 제2013-000170호(2013년 9월 25일)
주소 서울시 서초구 효령로68길 98(서초동)
전화 02)3489-4300 **팩스** 02)3489-4329
이메일 dmipress@sarang.org

ISBN 978-89-5731-434-0 03230

※ 책값은 뒤표지에 있습니다. 잘못된 책은 구입하신 곳에서 교환해드립니다.

국제제자훈련원은 건강한 교회를 꿈꾸는 목회의 동반자로서 제자 삼는 사역을 중심으로
성경적 목회 모델을 제시함으로 세계 교회를 섬기는 전문 사역 기관입니다.